하나님께 드리는 나의 신앙고백

사도신경

KIWY 청소년성경공부 학생용

하나님께 드리는 나의 신앙고백

사도신경

좋은씨앗

키위 청소년 성경공부 시즌 투 ❶ 교리탐구(학생용)
사도신경 _ 하나님께 드리는 나의 신앙고백

초판 1쇄 발행_ 2011년 12월 27일
초판 9쇄 발행_ 2024년 2월 10일

지은이_ 이재욱
펴낸이_ 신은철
펴낸곳_ 좋은씨앗
출판등록_ 제4-385호(1999.12.21)
주소_ 서울시 서초구 바우뫼로 156, MJ 빌딩 402호
주문전화_ 02-2057-3041 주문팩스_ 02-2057-3042
페이스북_ facebook.com/goodseedbook
이메일_ good-seed21@hanmail.net

ISBN 978-89-5874-178-7 04230
ISBN 978-89-5874-161-9 (세트)

신앙 인격이 형성되는 청소년기는 체계적인 성경 교육이 무엇보다 중요한 시기입니다. 그러나 안타깝게도 현장의 공과 교육은 그야말로 말라죽기 직전의 상황처럼 보입니다. 어떤 특정한 프로그램이나 교재가 이러한 상황을 한 번에 뒤집어놓을 수 있다고 여기는 것은 대단히 어리석은 일일 것입니다. 신앙 교육의 근간은 하나님의 은혜 안에 견고하게 뿌리내린 교육자들입니다. 그래서 하나님께서 교회에 사도와 선지자, 복음 전하는 자, 목사와 교사를 주셨다고 성경은 말합니다(엡 4:11). 그러므로 청소년 목회자와 교사들의 부단한 인내와 인고의 열정이 이 땅의 청소년들을 다시 일으키는 가장 중요한 밑거름이 될 것입니다.

교재는 그들이 손에 쥔 도구입니다. 도구는 얼마나 크고 화려하며 강한 것이냐가 아니라 손에 얼마나 알맞은 것이냐가 중요합니다. 다윗의 손에 잘 맞는 돌멩이 하나가 골리앗을 쓰러뜨리기에 수많은 칼이나 창보다 적합했듯이 말입니다. 〈*KIWY* 청소년 성경공부〉 시리즈는 책상이 아니라 현장에서 나온 교재입니다. 어떻게 하면 하나님의 귀한 말씀을 아이들에게 잘 먹일 수 있을지 오랜 시간 고민한 현장 사역자들의 수고가 담긴 교재입니다. 오랜 시간 동안 장인의 손으로 매만진 도구입니다.

이 교재를 집어든 현장 동역자들이 손에 딱 맞는, 그래서 내 몸의 일부처럼 움직일 수 있는 편안한 도구를 만나는 반가움을 경험할 수 있다면, 저희 집필진들에게 더할 나위 없는 기쁨이 될 것입니다. 부디 여러분과 이 돌멩이가 함께 난공불락처럼 보이는 신앙교육에 대한 여러 도전들을 격파하는 귀한 하나님의 도구가 되기를 간절히 기도합니다.

_이재욱 목사

KIWY 청소년 성경공부 목표

- 청소년을 전인적 그리스도인으로 교육하고자 합니다.
- 공과만 충실하게 해도 학습, 세례, 입교 교육이 충분히 될 만큼 교리적, 실천적으로 균형 있는 신앙관을 제공합니다.
- 보다 쉽고 친근하게 주제에 다가갈 수 있도록 구성했습니다.
- 부족한 시간과 시설 때문에 고민하는 현장 교사들의 상황을 고려하며 대안을 제시합니다.

KIWY 청소년 성경공부 구성

본 교재는 교리탐구, 경건생활, 사회생활, 인물탐구 네 분야를 1년 48주에 걸쳐 3년 동안 교육하도록 구성되어 있습니다. 각 권은 12주 과정입니다. 선택적으로 사용할 수 있는 특별과정 교재 1권이 따로 제공됩니다.

- **교리탐구** - 그리스도인이라면 반드시 숙지해야 할 기본교리를 살펴보며 하나님과 나에 대해 알아갑니다.
- **경건생활** - 그리스도인으로서 추구해야 할 경건을 배우고 익히며 실천하도록 독려합니다.
- **사회생활** - 청소년 그리스도인들이 세상에서 부딪히는, 또 앞으로 부딪힐 필수적인 실천 주제들에 대해 성경적인 관점을 확고하게 정립합니다.
- **인물탐구** - 성경의 주요 인물을 성경의 큰 흐름에 따라 살펴보며 하나님이 어떻게 각 사람의 인생에 개입해 큰 그림을 만들어가시는지 배웁니다.
- **특별과정** - 개 교회의 주요 행사 및 절기에 맞는 공과 진행을 돕습니다.

* 자세한 커리큘럼은 www.gsbooks.org를 참고해주세요!

하나! 공과 교재가 쉽다

공과 반은 다양한 수준의 학생들이 모여 있으므로 공과는 누구나 쉽게 접근할 수 있는 것이어야 합니다. 학생 수준에 따른 심화 교육은 리더훈련이나 제자훈련 같은 별도의 양육과정에서 하는 것이 바람직합니다.

둘! 길거나 복잡하지 않다

현장의 공과 환경은 공과를 오래 끌기에 무리가 많습니다. 적어도 30분 안에 끝낼 수 있도록 교재를 쉽고 단순하게 구성했고, 성경 본문을 별도로 찾을 필요가 없도록 문제와 함께 제시합니다.

셋! 다양한 주제들을 다룬다

쉽고 단순해도 청소년 시기에 분명히 다루어야 할 주제들을 교리탐구, 경건생활, 사회생활, 인물탐구 분야별로 풍성하게 다룹니다.

넷! 말씀 중심이다

분명한 말씀 전달 없이 주제 하나 놓고 어영부영 자기 생각만 나누다가 공과를 끝내서는 안 됩니다. 말씀만큼은 주입식 교육이 확실하게 이루어져야 합니다. 믿음은 '들음' 에서 오지 '토론' 에서 오지 않습니다.

다섯! 주제가 명료하다

귀납식 탐구 학습은 그 나름대로 장점이 있으나 현장의 제한된 환경에서 시행하기에는 다소 무리가 있습니다. 본 교재는 본문에서 얻는 교훈을 단순화해 적어도 한 가지 주제만은 분명하게 기억하도록 돕습니다.

여섯! 구체적인 실천 과제를 제시한다

공과가 생활 속 실천으로 이어지도록 구체적인 과제를 제시하고, 이를 통해 교사가 학생들을 주중에 심방하도록 구성했습니다.

일곱! 시선을 사로잡는다

한 눈에 들어오고 청소년들의 취향에 적합한 디자인이 되도록 노력했고, 학습 의욕을 북돋는 삽화와 만화를 도입부에 수록했습니다.

C.O.N.T.E.N.T.S

사도신경 : 핵심만 모아놓은 신앙고백서

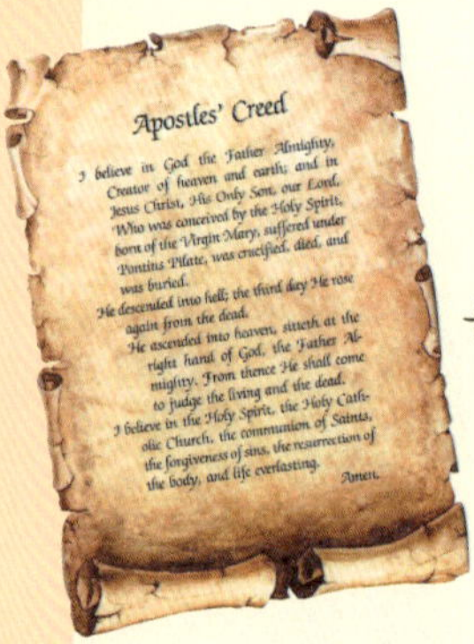

사도신경은 기독교 신앙의 가장 핵심적인 신앙 내용을 간략하게 정리한 신앙고백서입니다.

이러한 신앙고백서는 2세기 무렵부터 교회의 바른 신앙을 지켜내기 위한 목적으로 형성되고 발전되어 왔습니다. 사도신경 외에도 '니케아 신앙고백'과 '아타나시우스 신앙고백' 같은 신앙고백서들이 공식적으로 인정받고 사용된 것을 교회사에서 살펴볼 수 있습니다.

여러 신앙고백서들이 종교회의를 통해서 논의되고 결정되었지만 사도신경은 회의 끝에 정해진 신앙고백이 아닙니다. 열두 사도가 한 항목씩 열두 고백을 해서 사도신경의 열두 고백이 만들어졌다는 설도 있지만 이것은 전혀 근거 없는 얘기입니다. 사도들이 직접 썼다기보다는 그들이 했던 신앙고백과 일치한다는 의미에서 이것을 '사도신경' 이라고 부르는 것입니다.

지금 우리가 고백하는 형태와 같은 사도신경은 주후 700년경의 기록에서 찾아볼 수 있습니다. 주후 710-724년에 '공인된 문서'(Textus Receptus)라는 것이 정식으로 널리 보급되었는데 거기에 실린 신앙고백이 오늘의 사도신경과 거의 같습니다. 그러나 그 원형은 주후 200년경까지 거슬러 올라갑니다. 주후 215년에 기록된 히폴리투스의 문답식 신경과 주후 340년경의 마르셀루스의 신경에 그 원형을 볼 수 있습니다.

사도신경은 오랜 교회 역사 속에서 경건한 성도들, 학사들과 그들을 주장하시는 성령의 인도하심 가운데 다듬어진 귀한 신앙고백입니다. 몇몇 표현과 단어를 오해하지 않는다면 성경을 한 점도 틀림 없는 하나님의 말씀으로 믿는 그리스도인들이 신앙의 기준으로 삼기에 부족함이 없는 고백서입니다.

우리는 사도신경을 통하여 짧은 시간 안에 우리가 믿는 바가 무엇인지, 무엇을 전해야 하는지, 그릇된 가르침과 거짓 진리는 무엇인지 알고 분별하는 유익을 얻을 수 있습니다. 그래서 대다수의 교단과 교회에서는 사도신경을 교인이 세례 받기 전에 반드시 알고 익혀야 할 것으로 인정하며 공예배 때나나 임송하도록 하고 있습니다.

session 01

세상을 창조하신 전능한 하나님

신앙고백 1항
전능하사 천지를 만드신 하나님 아버지를 내가 믿사오며

OPEN MIND 오픈마인드

홍해가 갈라졌다고? (출 14:21-22)

도끼가 물에 떴다고? (왕하 6:4-7)

예수님이 물위를 걸으셨다고? (마 25:27)

죽은 사람이 살아났다고? (요 11:38-44)

성경에는 여러 기적들이 등장합니다. 위의 그림에서 어떤 일이 믿기지 않나요?(믿기지 않는 성경의 다른 기적들에 대해 얘기해도 좋아요)

성경에는 이성적으로 믿기 힘든 일들이 많이 나오지만 그것은 하나님이 어떤 분인지만 알면 모두 해결되는 문제입니다.

1. 성경은 하나님에 대한 책입니다. 성경은 하나님에 대해 맨 처음 무슨 얘기부터 합니까?(창 1:1)

   창세기 1:1 태초에 하나님이 천지를 창조하시니라.

2. 천지를 창조하신 하나님을 가리켜 성경은 어떤 분이라고 설명합니까?(렘 32:27, 욥 11:7)

   예레미야서 32:27 나는 여호와요 모든 육체의 하나님이라 내게 할 수 없는 일이 있겠느냐.

   욥기 11:7 네가 하나님의 오묘함을 어찌 능히 측량하며 전능자를 어찌 능히 완전히 알겠느냐.

3. 세상의 창조주, 전능하신 하나님께 우리는 어떤 태도를 가져야 합니까?(시 83:18, 계 15:4)

시편 83:18 여호와라 이름하신 주만 온 세계의 지존자로 알게 하소서.

요한계시록 15:4 주여 누가 주의 이름을 두려워하지 아니하며 영화롭게 하지 아니하오리이까 오직 주만 거룩하시니이다 주의 의로우신 일이 나타났으매 만국이 와서 주께 경배하리이다 하더라.

믿음 선언 하나!

나는 세상을 창조하신
전능한 하나님을 믿는다!

OPEN LIFE 오픈라이프

나눔 오늘 성경 공부를 하고 나서 하나님에 대해 새롭게 알게 되거나 더 깊이 깨닫게 된 부분이 있다면 얘기해보세요.

실천 세상을 창조하신 전능한 하나님은 경배 받기에 합당한 유일한 신(神)입니다. 한 주 동안 하나님의 전능하심이나 창조를 노래하는 찬양을 부르며 하나님에 대해 생각하는 시간을 가져봅시다.

· 예 : 가스펠 '전능하신 나의 주 하나님은', 찬송가 '주 하나님 지으신 모든 세계'

전능하셔서 세상을 창조하신 하나님이 다른 아닌 제 아버지임을 믿습니다. 어떤 어려움에 부닺히더라도 그 사실을 잊지 않고 하나님 아버지를 의지하며 씩씩하게 살아갈 수 있도록 도와주세요.

session 02

독생자 예수 그리스도, 우리 주

신앙고백 2항
그 외아들 우리 주 예수 그리스도를 믿사오니

OPEN MIND 오픈마인드

예수님 하면 가장 먼저 떠오르는 이미지는 무엇인가요? 그 이유는?

OPEN BIBLE 오픈바이블

1. 예수님은 하나님과 어떤 관계입니까?(요 1:14)

요한복음 1:14 말씀이 육신이 되어 우리 가운데 거하시매 우리가 그의 영광을 보니 아버지의 독생자의 영광이요 은혜와 진리가 충만하더라.

2. '예수 그리스도'란 어떤 뜻입니까?(마 1:21, 요 1:41)

마태복음 1:21 아들을 낳으리니 이름을 예수라 하라 이는 그가 자기 백성을 그들의 죄에서 구원할 자이심이라 하니라.

요한복음 1:41 그가 먼저 자기의 형제 시몬을 찾아 말하되 우리가 메시아를 만났다 하고(메시아는 번역하면 그리스도라).

3. 예수 그리스도는 우리와 어떤 관계를 맺고 계십니까?(롬 5:21, 14:8-9)

로마서 5:21 이는 죄가 사망 안에서 왕 노릇한 것같이 은혜도 또한 의로 말미암아 왕 노릇 하여 우리 주 예수 그리스도로 말미암아 영생에 이르게 하려 함이라.

로마서 14:8-9 8우리가 살아도 주를 위하여 살고 죽어도 주를 위하여 죽나니 그러므로 사나 죽
으나 우리가 주의 것이로다 9이를 위하여 그리스도께서 죽었다가 다시 살아나셨으니 곧 죽은 자
와 산 자의 주가 되려 하심이라.

믿음 선언 둘!

나는 하나님의 독생자로 오신
예수님이 그리스도이고
나의 주인 되심을 믿는다.

OPEN LIFE 오픈라이프

나눔 이전에 알고 있던 예수님과 오늘 배운 예수님은 어떻게 다른지 이야기를 나누어보세요.

실천 예수님이 삶의 주인이 되신다는 것은 우리가 늘 예수님의 뜻대로 살아간다는 것을 의미합니다. 한 주 동안 생활하면서 무슨 일을 하든 이런 경우 '예수님이라면 어떻게 하셨을까?', '예수님은 무엇을 기뻐하실까?'를 스스로에게 질문하고 적용해보세요.

날짜	사건 또는 일	예수님이라면 어떻게 하셨을까?	나의 결정

예수님은 하나님이고 구원자이며 제 삶의 주인이십니다. 저의 모든 생각과 말과 행동을 지키시고 제 삶의 진정한 주인이 되어주세요

session 03

성령으로 태어나신 그리스도

신앙고백 3항
이는 성령으로 잉태하사 동정녀 마리아에게 나시고

OPEN MIND 오픈마인드

자신만만하게 약속했다가 지키지 못한 적이 있나요?

하나님은 약속하신 말씀을 결코 어기지 않으십니다. 어떤 경우에도 지키고 그 무엇에도 방해받지 않으십니다. 하나님께 불가능은 없습니다.

1. 예수님이 오시기 약 700년 전에 기록된 이사야서에는 세상을 구원할 메시아에 대한 약속의 말씀이 등장합니다. 어떤 내용입니까?(사 7:14)

이사야서 7:14 그러므로 주께서 친히 징조를 너희에게 주실 것이라 보라 처녀가 잉태하여 아들을 낳을 것이요 그의 이름을 임마누엘이라 하리라.

2. 예수님은 어떻게 어머니 마리아에게 잉태되고 나셨습니까?(마 1:18, 20, 눅 1:37-38)

마태복음 1:18, 20 [18]예수 그리스도의 나심은 이러하니라 그의 어머니 마리아가 요셉과 약혼하고 동거하기 전에 성령으로 잉태된 것이 나타났더니… [20]이 일을 생각할 때에 주의 사자가 현몽하여 이르되 다윗의 자손 요셉아 네 아내 마리아 데려오기를 무서워하지 말라 그에게 잉태된 자는 성령으로 된 것이라.

누가복음 1:37-38 [37]대저 하나님의 모든 말씀은 능하지 못하심이 없느니라 [38]마리아가 이르되 주의 여종이오니 말씀대로 내게 이루어지이다 하매 천사가 떠나가니라.

3. 예수님은 왜 초자연적인 방법으로 이 땅에 오셨습니까?(요 20:28, 벧전 1:19)

요한복음 20:28 도마가 대답하여 이르되 나의 주님이시요 나의 하나님이시니이다.

베드로전서 1:19 오직 흠 없고 점 없는 어린 양 같은 그리스도의 보배로운 피로 된 것이니라.

믿음 선언 셋!

나는 하나님이신 예수님이
약속대로 성령으로 잉태되어
완전하고 흠 없는 인간으로
이 땅에 오셨음을 믿는다.

OPEN LIFE 오픈라이프

나눔 하나님은 말씀하신 것을 모두 지키시고 뜻하신 모든 것을 이루시는 분임을 믿습니까? 그렇게 믿는 이유도 얘기해보세요.

실천 내가 어떤 상황이나 일 속에서 좀 더 하나님을 신뢰해야 할지 생각하고 아래에 적어보세요.

· 예 : '베프' 라고 생각했던 교회 친구가 뒤에서 내 욕을 하고 다닌다는 소리를 들었다. 처음엔 너무나 화가 나고 그 친구 꼴도 보기 싫어 교회조차 가기 싫어졌다. 하지만 하나님이 나의 결백함을 알고 선한 길로 인도하실 것을 믿기에 조금만 더 참고 기다려보기로 했다. 결국 그 친구와 오해가 있었음을 확인하고 화해하게 되었다.

하나님은 처음 약속하신 대로 예수님을 성령으로 나게 하여 이 땅에 구세주로 보내주셨습니다. 어떤 상황에서도 신실하신 하나님을 끝까지 믿고 의지하며 살아가도록 도와주세요.

session 04

고난받고 십자가에 죽으신 그리스도

신앙고백 4항
본디오 빌라도에게 고난을 받으사 십자가에 못 박혀 죽으시고

OPEN MIND 오픈마인드

십자가를 보면
어떤 생각이 가장 먼저 떠오르나요?

십자가가 오늘날 어떻게 교회와 거룩함의 상징이 됐는지 알아봅시다.

1. 예수님은 역사 속 어느 시대에 사셨습니까?(눅 3:1, 막 15:1)

누가복음 3:1 디베료 황제가 통치한 지 열다섯 해 곧 본디오 빌라도가 유대의 총독으로, 헤롯이 갈릴리의 분봉 왕으로, 그 동생 빌립이 이두래와 드라고닛 지방의 분봉 왕으로, 루사니아가 아빌레네의 분봉 왕으로,

마가복음 15:1 새벽에 대제사장들이 즉시 장로들과 서기관들 곧 온 공회와 더불어 의논하고 예수를 결박하여 끌고 가서 빌라도에게 넘겨주니.

2. 예수님은 왜 고난을 받고 죽으셨습니까?(사 53:5, 고전 15:3)

이사야서 53:5 그가 찔림은 우리의 허물 때문이요 그가 상함은 우리의 죄악 때문이라 그가 징계를 받으므로 우리는 평화를 누리고 그가 채찍에 맞으므로 우리는 나음을 받았도다.

고린도전서 15:3 내가 받은 것을 먼저 너희에게 전하였노니 이는 성경대로 그리스도께서 우리 죄를 위하여 죽으시고,

3. 예수님이 죽으심으로 무슨 일이 이루어졌습니까?(엡 1:7, 롬 5:21, 요 1:12)

에베소서 1:7 우리는 그리스도 안에서 그의 은혜의 풍성함을 따라 그의 피로 말미암아 속량 곧 죄 사함을 받았느니라.

로마서 5:21 이는 죄가 사망 안에서 왕 노릇 한 것같이 은혜도 또한 의로 말미암아 왕 노릇 하여 우리 주 예수 그리스도로 말미암아 영생에 이르게 하려 함이라.

요한복음 1:12 영접하는 자 곧 그 이름을 믿는 자들에게는 하나님의 자녀가 되는 권세를 주셨으니.

믿음 선언 넷!

나는 본디오 빌라도가 통치하던
시대에 예수님이 고난을 받고
죽으심으로 우리의 죄를 대신 지신
그리스도임을 믿는다.

OPEN LIFE 오픈라이프

나눔 나에게 예수님은 어떤 의미인지 솔직히 얘기해보세요.

실천 우리는 십자가를 보면서 하나님이 죄를 얼마나 싫어하시는지, 또 우리를 얼마나 사랑하시는지 알 수 있습니다. 하나님의 자녀답게 죄를 멀리하고 하나님을 더욱 가까이 느끼기 위해 생활 속에서 실천할 수 있는 일들을 적어보세요.

· 예 : 정직하기, 큐티하기, 욕하지 않기, 어려움에 처한 친구 돕기, PC방 자제하기 등.

2천 년 전에 실제로 이 땅에 오셔서 십자가에 달려 돌아가시기까지 큰 사랑을 베풀어주신 하나님께 감사드립니다. 큰 사랑을 받은 자녀답게 하나님과 이웃을 사랑하며 살도록 도와주세요

session 05

죽으시고 부활하신 그리스도

신앙고백 5항
장사한 지 사흘 만에 죽은 자 가운데서 다시 살아나시며

OPEN MIND 오픈마인드

내 인생에서 가장 의미 있었던 시간은 언제였나요? 그 이유는?

인류의 역사를 통틀어 가장 의미 있었던 시간은 언제일까요? 다음은 인류 역사에서 가장 중요한, 인류 자체의 운명을 바꾼 사흘에 관한 이야기입니다.

1. 십자가에서 죽으신 예수님은 어떻게 장사되셨습니까?(마 27:59-60, 65-66)

마태복음 27:59-60, 65-66 [59]요셉이 시체를 가져다가 깨끗한 세마포로 싸서 [60]바위 속에 판 자기 새 무덤에 넣어 두고 큰 돌을 굴려 무덤 문에 놓고 가니… [65]빌라도가 이르되 너희에게 경비병이 있으니 가서 힘대로 굳게 지키라 하거늘 [66]그들이 경비병과 함께 가서 돌을 인봉하고 무덤을 굳게 지키니라.

2. 예수님은 언제 죽으시고 부활하셨습니까?(눅 23:53-54, 24:1-3)

누가복음 23:53-54 [53]이를 내려 세마포로 싸고 아직 사람을 장사한 일이 없는 바위에 판 무덤에 넣어 두니 [54]이날은 준비일이요 안식일이 거의 되었더라.

누가복음 24:1-3 [1]안식 후 첫날 새벽에 이 여자들이 그 준비한 향품을 가지고 무덤에 가서 [2]돌이 무덤에서 굴려 옮겨진 것을 보고 [3]들어가니 주 예수의 시체가 보이지 아니하더라.

3. 예수님이 죽음을 이기고 부활하신 것은 어떤 의미입니까?(벧전 1:3, 2:24)

베드로전서 1:3 우리 주 예수 그리스도의 아버지 하나님을 찬송하리로다 그의 많으신 긍휼대로 예수 그리스도를 죽은 자 가운데서 부활하게 하심으로 말미암아 우리를 거듭나게 하사 산 소망이 있게 하시며,

베드로전서 2:24 친히 나무에 달려 그 몸으로 우리 죄를 담당하셨으니 이는 우리로 죄에 대하여 죽고 의에 대하여 살게 하려 하심이라 그가 채찍에 맞음으로 너희는 나음을 얻었나니.

믿음 선언 다섯!

나는 예수님이 무덤에 장사된 지
사흘 만에 다시 살아나신
부활의 그리스도임을 믿는다.

OPEN LIFE 오픈라이프

나눔 나는 거듭난 그리스도인, 즉 예수님의 죄 사하심을 믿고 예수님과 함께 십자가에서 죽었다가 의인으로 새롭게 태어나 하나님 나라를 소망하게 된 그리스도인입니까?

실천 예수님은 죄와 죽음을 이기고 부활하셨습니다. 그 부활에 동참한 진정한 그리스도인들은 죄에 지지 않습니다. 잠시 실수하거나 무너질 수는 있지만 결국 반드시 이길 것이기에 계속 싸우고 도전합니다. 지금 내가 맞서 싸워야 할 가장 심각한 죄는 무엇입니까? 주님께 의지하는 기도를 드리며 다시 도전하기를 결단해보세요.

예수님이 죄와 사망을 이기고 부활하셨음을 믿습니다. 저를 괴롭히는 죄와 죄에서 비롯된 나쁜 습관들을 다 십자가에 못 박고 하나님의 참다운 자녀로 날마다 새롭게 태어날 수 있도록 도와주세요.

session 06

하나님 우편에 앉으신 그리스도

신앙고백 6항
하늘에 오르사 전능하신 하나님 우편에 앉아 계시다가

OPEN MIND 오픈마인드

- □ 안습
- □ 병맛
- □ 무개념
- □ 진상
- □ 무존재감
- □ 외톨이
- □ 꼴통
- □ 트러블메이커
- □ 훈남/훈녀

- □ 쩐다
- □ 핫이슈
- □ 모범생
- □ 엄친아
- □ 미친 존재감
- □ OTL
- □ 대박
- □ 마당발
- □ 정의의 용사

- □ 해결사
- □ 희망
- □ 도전
- □ 사랑의 화신
- □ 챔피언
- □ 빛과 소금
- □ 기대주
- □ 섬김
- □ 기타 ________

과거의 나와 현재의 나, 미래의 나를 표현한 단어들을 각각 표시해보고 어떤 특징을 갖고 있는지 얘기해보세요.

과거의 예수님은 2천 년 전 이 땅에 와서 우리를 위해 죽으시고 부활하셨습니다. 그렇다면 현재와 미래의 예수님은 어떤 모습일까요?

1. 부활하신 예수님은 어떤 일을 하셨습니까?(행 1:3, 9)

사도행전 1:3, 9 [3]그가 고난 받으신 후에 또한 그들에게 확실한 많은 증거로 친히 살아 계심을 나타내사 사십 일 동안 그들에게 보이시며 하나님 나라의 일을 말씀하시니라… [9]이 말씀을 마치시고 그들이 보는데 올려져 가시니 구름이 그를 가리어 보이지 않게 하더라.

2. 하늘에 오르신 예수님은 어디에 계십니까?(히 12:2)

히브리서 12:2 믿음의 주요 또 온전하게 하시는 이인 예수를 바라보자 그는 그 앞에 있는 기쁨을 위하여 십자가를 참으사 부끄러움을 개의치 아니하시더니 하나님 보좌 우편에 앉으셨느니라.

3. 예수님은 하나님의 보좌 우편에서 무슨 일을 하고 계십니까?(벧전 3:22, 히 1:3, 롬 8:34)

베드로전서 3:22 그는 하늘에 오르사 하나님 우편에 계시니 천사들과 권세들과 능력들이 그에게 복종하느니라.

히브리서 1:3 이는 하나님의 영광의 광채시요 그 본체의 형상이시라 그의 능력의 말씀으로 만물을 붙드시며 죄를 정결하게 하는 일을 하시고 높은 곳에 계신 지극히 크신 이의 우편에 앉으셨느니라.

로마서 8:34 누가 정죄하리요 죽으실 뿐 아니라 다시 살아나신 이는 그리스도 예수시니 그는 하나님 우편에 계신 자요 우리를 위하여 간구하시는 자시니라.

믿음 선언 여섯!

나는 하늘에 올라 하나님의 보좌
우편에서 우리를 다스리시며 우리와
하나님 사이의 중보자 되시는
그리스도를 믿는다.

OPEN LIFE 오픈라이프

나눔 예수님의 이름으로 기도하는 의미를 알고 있었나요? 예수님에 대해 오늘 새롭게 알게 된 것이 있다면 무엇입니까?

실천 예수님이 하나님과 우리 사이의 중보자 되심에 대해 배웠습니다. 중보자이신 예수님의 이름으로 기도하는 원리를 되새기면서 기도하는 시간을 가져봅시다. 아침에 일어나자마자, 식사 전, 잠자리에 들기 전 언제라도 좋습니다. 하루 한 번이라도 기도한 날에는 아래에 웃는 얼굴을 그려주세요.

일 월 화 수 목 금 토

하나님, 중보자 되시는 예수님을 통해 하나님 앞에 나아갈 수 있는 길을 마련해주셔서 감사드립니다. 제 자신뿐만 아니라 친구들을 위해 예수님의 이름으로 날마다 중보기도 하면서 주님의 본을 따르게 해주세요

session **07**

다시 오셔서 심판하시는 그리스도

신앙고백 7항
저리로서 산자와 죽은 자를 심판하러 오시리라.

OPEN MIND 오픈마인드

당장 예수님을 만난다면 예수님께 하고 싶은 말이나 질문이 있나요?

1. 하늘에 계신 예수님은 때가 되면 어떻게 하십니까?(행 1:10-11)

사도행전 1:10-11 [10]올라가실 때에 제자들이 자세히 하늘을 쳐다보고 있는데 흰 옷 입은 두 사람이 그들 곁에 서서 [11]이르되 갈릴리 사람들아 어찌하여 서서 하늘을 쳐다보느냐 너희 가운데서 하늘로 올려지신 이 예수는 하늘로 가심을 본 그대로 오시리라 하였느니라.

2. 다시 오신 예수님은 무슨 일을 하십니까?(마 13:40, 49, 고후 5:10)

마태복음 13:40, 49 [40]그런즉 가라지를 거두어 불에 사르는 것 같이 세상 끝에도 그러하리라… [49]세상 끝에도 이러하리라 천사들이 와서 의인 중에서 악인을 갈라내어.

고린도후서 5:10 이는 우리가 다 반드시 그리스도의 심판대 앞에 나타나게 되어 각각 선악 간에 그 몸으로 행한 것을 따라 받으려 함이라.

3. 예수님이 이 세상에 다시 오셔서 심판하시는 때는 언제입니까?(마 24:36, 25:13, 벧후 3:10)

마태복음 24:36 그러나 그날과 그때는 아무도 모르나니 하늘의 천사들도, 아들도 모르고 오직 아버지만 아시느니라.

마태복음 25:13 그런즉 깨어 있으라 너희는 그날과 그때를 알지 못하느니라.

베드로후서 3:10 그러나 주의 날이 도둑같이 오리니 그날에는 하늘이 큰 소리로 떠나가고 물질이 뜨거운 불에 풀어지고 땅과 그 중에 있는 모든 일이 드러나리로다.

믿음 선언 일곱!

나는 하늘 보좌 우편에 계시다가
우리를 심판하기 위해 다시 오실
그리스도를 믿는다.

OPEN LIFE 오픈라이프

나눔 오늘 예수님이 다시 오신다면 지금껏 살아온 내 모습을 보고 뭐라고 말씀하실 것 같은지 나누어보세요.

실천 일주일 뒤에 예수님이 오신다면 그 전에 꼭 하고 싶은 일은 무엇입니까? 그 일을 어떻게 실천할 것인지 구체적으로 적어보세요.

꼭 해보고 싶어요!

....

....

....

....

....

이렇게 하고 싶어요!

....

....

....

....

....

세상 끝 날에 예수님이 우리를 심판하러 이 땅에 다시 오실 것을 믿습니다. 언제라도 주님을 맞이할 수 있도록 준비하며 살아가는 믿음의 자녀가 되게 해주세요.

session 08

우리 안에 거하시는 성령 하나님

신앙고백 8항
성령을 믿사오며

OPEN MIND 오픈마인드

가족을 제외하고 항상 옆에 있어 주었으면 하고 바라는 사람이 있나요? 있다면 그 이유는?

1. 예수님이 하늘로 올라가시고 난 뒤에 우리에게 오셔서 우리와 함께 하시는 하나님은 어떤 분입니까?(요 14:26)

요한복음 14:26 보혜사 곧 아버지께서 내 이름으로 보내실 성령 그가 너희에게 모든 것을 가르치고 내가 너희에게 말한 모든 것을 생각나게 하리라.

2. 성령 하나님은 어떻게 우리 안에 들어오십니까?(요 7:39, 행 2:38, 고전 12:3)

요한복음 7:39 이는 그를 믿는 자들이 받을 성령을 가리켜 말씀하신 것이라(예수께서 아직 영광을 받지 않으셨으므로 성령이 아직 그들에게 계시지 아니하시더라).

사도행전 2:38 베드로가 이르되 너희가 회개하여 각각 예수 그리스도의 이름으로 세례를 받고 죄 사함을 받으라 그리하면 성령의 선물을 받으리니.

고린도전서 12:3 그러므로 내가 너희에게 알리노니 하나님의 영으로 말하는 자는 누구든지 예수를 저주할 자라 하지 아니하고 또 성령으로 아니하고는 누구든지 예수를 주시라 할 수 없느니라.

3. 성령 하나님은 구원하심 외에 우리에게 어떤 일을 행하십니까?(롬 8:26, 고전 12:8-10)

로마서 8:26 이와 같이 성령도 우리의 연약함을 도우시나니 우리는 마땅히 기도할 바를 알지 못하나 오직 성령이 말할 수 없는 탄식으로 우리를 위하여 친히 간구하시느니라.

고린도전서 12:8-10 8어떤 사람에게는 성령으로 말미암아 지혜의 말씀을, 어떤 사람에게는 같은 성령을 따라 지식의 말씀을, 9다른 사람에게는 같은 성령으로 믿음을, 어떤 사람에게는 한 성령으로 병 고치는 은사를, 10어떤 사람에게는 능력 행함을, 어떤 사람에게는 예언함을, 어떤 사람에게는 영들 분별함을, 다른 사람에게는 각종 방언 말함을, 어떤 사람에게는 방언들 통역함을 주시나니.

믿음 선언 여덟!

나는 나를 도우시는
성령 하나님을 믿는다.

OPEN LIFE 오픈라이프

나눔 성령 하나님의 도우심을 느낀 적이 있다면 나누어보세요.

실천 하나님을 아는 지식이 매우 중요하지만 일상생활 속에서 하나님의 동행하심과 성령님의 임재를 느끼는 일도 중요합니다. 생활하면서 그런 순간들을 놓치지 않고 느낄 수 있게 해달라고 함께 기도합시다. 한 주 동안의 경험을 기록해두었다가 나누어보세요.

	하나님의 동행하심이나 성령님의 임재를 느꼈던 순간들
일	
월	
화	
수	
목	
금	
토	

제 안에 성령 하나님이 계심을 믿습니다. 밥 먹을 때, 길을 걸을 때, 공부할 때, 친구들과 놀 때 어느 때에든 제 안에 계신 분을 느끼며 살아갈 수 있도록 도와주세요.

session 09

거룩하며 하나 된 교회

신앙고백 9항
거룩한 공회와 성도가 서로 교통하는 것과

OPEN MIND 오픈마인드

교회가 좋은 공동체가 되기 위한 첫 번째 조건은 무엇일까요? 그렇게 생각하는 이유는?

1. 사도신경을 보면 교회를 거룩한 공회라고 표현하고 있습니다. 거룩한 공회란 어떤 뜻입니까?(고전 1:2)

고린도전서 1:2 고린도에 있는 하나님의 교회 곧 그리스도 예수 안에서 거룩하여지고 성도라 부르심을 받은 자들과 또 각처에서 우리의 주 곧 그들과 우리의 주 되신 예수 그리스도의 이름을 부르는 모든 자들에게.

2. 교회는 누구 아래, 누구에 의해 하나로 묶여 있습니까?(고전 12:27, 고후 13:13, 골 1:18)

고린도전서 12:27 너희는 그리스도의 몸이요 지체의 각 부분이라.

고린도후서 13:13 주 예수 그리스도의 은혜와 하나님의 사랑과 성령의 교통하심이 너희 무리와 함께 있을지어다.

골로새서 1:18 그는 몸인 교회의 머리시라 그가 근본이시요 죽은 자들 가운데서 먼저 나신 이시니 이는 친히 만물의 으뜸이 되려 하심이요.

3. 하나 된 교회 안에서 성도는 서로를 어떤 태도로 대해야 합니까?(엡 4:3, 고전 12:25)

에베소서 4:3 평안의 매는 줄로 성령이 하나 되게 하신 것을 힘써 지키라.

고린도전서 12:25 몸 가운데서 분쟁이 없고 오직 여러 지체가 서로 같이 돌보게 하셨느니라.

믿음 선언 아홉!

나는 모든 성도가 교통하고 거룩한
교회로 하나 되어 있음을 믿는다.

OPEN LIFE 오픈라이프

나눔 지금까지 나는 어떤 마음으로 교회를 다녔는지 나누어보세요.

실천 하나 되고 섬기는 교회가 되기 위해 내가 할 수 있는 일들을 구체적으로 생각하고 적어보세요.

____

____

____

· 예 : – 교회에서 안 친한 친구와 눈이 마주치면 외면했는데 간단한 인사라도 해야겠다.

– 예배나 공과 후 선생님 혼자 뒷정리 하시는 것을 보았는데 거들어 드려야겠다.

– 하나님이 기뻐하시는 예배를 드리기 위해 찬양팀 친구들과 한 마음이 되어 더욱 열심히 찬양 연습을 하겠다.

우리가 그리스도의 끈으로 묶여 하나 된 거룩한 교회임을 믿습니다. 한 몸을 이룬 친구들의 소중함을 느끼고 약한 지체일수록 더욱 관심을 가지고 섬길 수 있도록 도와주세요.

session 10

죄를 사해주시는 것

신앙고백 10항
죄를 사하여주시는 것과

OPEN MIND 오픈마인드

사람들은 도대체 왜 죄를 지을까요?

OPEN BIBLE 오픈바이블

1. 죄란 무엇입니까?(롬 1:21-24, 5:12)

로마서 1:21-24 [21]하나님을 알되 하나님을 영화롭게도 아니하며 감사하지도 아니하고 오히려 그 생각이 허망하여지며 미련한 마음이 어두워졌나니 [22]스스로 지혜 있다 하나 어리석게 되어 [23]썩어지지 아니하는 하나님의 영광을 썩어질 사람과 새와 짐승과 기어 다니는 동물 모양의 우상으로 바꾸었느니라 [24]그러므로 하나님께서 그들을 마음의 정욕대로 더러움에 내버려 두사 그들의 몸을 서로 욕되게 하게 하셨으니.

로마서 5:12 그러므로 한 사람으로 말미암아 죄가 세상에 들어오고 죄로 말미암아 사망이 들어왔나니 이와 같이 모든 사람이 죄를 지었으므로 사망이 모든 사람에게 이르렀느니라.

2. 예수님은 우리의 죄를 어떻게 사하셨습니까?(히 7:27, 롬 3:24)

히브리서 7:27 그는 저 대제사장들이 먼저 자기 죄를 위하고 다음에 백성의 죄를 위하여 날마다 제사 드리는 것과 같이 할 필요가 없으니 이는 그가 단번에 자기를 드려 이루셨음이라.

로마서 3:24 그리스도 예수 안에 있는 속량으로 말미암아 하나님의 은혜로 값 없이 의롭다 하심을 얻은 자 되었느니라.

3. 우리가 이미 죄 사함을 받았음에도 불구하고 날마다 또 회개해야 하는 이유는 무엇입니까?(엡 4:13, 고후 7:1)

에베소서 4:13 우리가 다 하나님의 아들을 믿는 것과 아는 일에 하나가 되어 온전한 사람을 이루어 그리스도의 장성한 분량이 충만한 데까지 이르리니.

고린도후서 7:1 그런즉 사랑하는 자들아 이 약속을 가진 우리는 하나님을 두려워하는 가운데서 거룩함을 온전히 이루어 육과 영의 온갖 더러운 것에서 자신을 깨끗하게 하자.

믿음 선언 열!

나는 예수 그리스도를 통해
모든 죄를 사함 받음을 믿는다.

OPEN LIFE 오픈라이프

나눔 나는 얼마나 죄에 민감한지 스스로를 돌아보세요. 죄를 지으면 즉시 깨닫고 회개하는 편인가요?

실천 한 주 동안 생활하다가 죄를 지었을 경우 즉시 회개 기도를 드리고 기도 후 소감을 간난하게 적어보세요.

월/일/시	소감

예수님의 대속하심으로 제가 죄 사함을 받고 의인이 되었음을 고백합니다. 세상 친구들이 보기에 아무리 사소한 일이라도 하나님 보시기에 옳은 일이 아니라면 뿌리치고 돌아설 수 있는 용기를 주세요.

session **11**

몸이 다시 사는 것

신앙고백 11항
몸이 다시 사는 것과

OPEN MIND 오픈마인드

자신의 신체 중 바꾸고 싶은 부분이 있다면 얘기해보세요.

1. 성도가 죽으면 성도의 영혼과 몸은 어떻게 됩니까?(행 7:16, 눅 23:43)

사도행전 7:16 세겜으로 옮겨져 아브라함이 세겜 하몰의 자손에게서 은으로 값 주고 산 무덤에 장사되니라.

누가복음 23:43 예수께서 이르시되 내가 진실로 네게 이르노니 오늘 네가 나와 함께 낙원에 있으리라 하시니라.

2. 예수님이 다시 오실 때 성도의 영혼과 몸은 어떻게 됩니까?(요 5:28-29)

요한복음 5:28-29 [28]이를 놀랍게 여기지 말라 무덤 속에 있는 자가 다 그의 음성을 들을 때가 오나니 [29]선한 일을 행한 자는 생명의 부활로, 악한 일을 행한 자는 심판의 부활로 나오리라.

3. 부활한 육체에는 어떤 변화가 있습니까?(고전 15:52, 눅 24:30-31, 요 20:26)

고린도전서 15:52 나팔 소리가 나매 죽은 자들이 썩지 아니할 것으로 다시 살아나고 우리도 변화되리라.

누가복음 24:30-31 [30]그들과 함께 음식 잡수실 때에 떡을 가지사 축사하시고 떼어 그들에게 주시니 [31]그들의 눈이 밝아져 그인 줄 알아보더니 예수는 그들에게 보이지 아니하시는지라.

요한복음 20:26 여드레를 지나서 제자들이 다시 집 안에 있을 때에 도마도 함께 있고 문들이 닫혔는데 예수께서 오사 가운데 서서 이르시되 너희에게 평강이 있을지어다 하시고.

믿음 선언 열하나!

나는 우리 몸이
부활할 것을 믿는다.

OPEN LIFE 오픈라이프

나눔 내 몸이 부활하여 변화하는 것에 대해 생각해본 적이 있나요? 언제 어떻게 생각해보았나요? 오늘 말씀을 배우고 나서 어떤 생각이 새롭게 들었는지 나누어보세요.

실천 몸이 다시 살아난다는 것은 우리의 몸도 하나님의 소중한 창조물임을 보여줍니다. 그러므로 그리스도인들은 영혼을 잘 관리하는 것처럼 육신도 올바르게 관리해야 합니다. 나의 몸을 거룩하고 건강하게 관리하기 위해 어떤 일들을 실천할 수 있을까요?

___

___

___

하나님, 우리 몸이 다시 살아난다는 것을 믿습니다. 이 땅에서 살아가는 날 동안 우리의 몸과 영혼을 모두 하나님 앞에서 바르게 관리하고 마지막 날 이루어질 부활을 늘 기대할 수 있도록 도와주세요.

session 12

영원히 사는 것

신앙고백 12항
영원히 사는 것을 믿사옵니다 아멘.

OPEN MIND 오픈마인드

- 월드컵 우승국이 되면 얼마나 신날까?

- 세계에서 군사력이 가장 강한 나라가 되면 겁날 게 없겠다.

- 국민 모두가 돈 걱정 안 하게 부자가 되면 좋겠다.
- 시험 공부, 야자 없는 나라!!!

- 영화, 드라마, 음악 모든 부분에서 한류가 세계적 대세가 되면 좋겠다.

우리나라가 앞으로 어떤 나라가 되면 좋겠는지 얘기하고 그 이유도 나누어보세요.

1. 마지막 날에 부활한 성도는 어떻게 됩니까?(요일 2:25, 계 22:5)

요한일서 2:25 그가 우리에게 약속하신 것은 이것이니 곧 영원한 생명이니라.

요한계시록 22:5 다시 밤이 없겠고 등불과 햇빛이 쓸 데 없으니 이는 주 하나님이 그들에게 비치심이라 그들이 세세토록 왕 노릇 하리로다.

2. 성도에게 허락되는 하나님의 나라는 어떤 모습입니까?(계 21:1-4)

요한계시록 21:1-4 1 또 내가 새 하늘과 새 땅을 보니 처음 하늘과 처음 땅이 없어졌고 바다도 다
시 있지 않더라 2 또 내가 보매 거룩한 성 새 예루살렘이 하나님께로부터 하늘에서 내려오니 그
준비한 것이 신부가 남편을 위하여 단장한 것 같더라 3 내가 들으니 보좌에서 큰 음성이 나서 이
르되 보라 하나님의 장막이 사람들과 함께 있으매 하나님이 그들과 함께 계시리니 그들은 하나
님의 백성이 되고 하나님은 친히 그들과 함께 계셔서 4 모든 눈물을 그 눈에서 닦아주시니 다시
는 사망이 없고 애통하는 것이나 곡하는 것이나 아픈 것이 다시 있지 아니하리니 처음 것들이
다 지나갔음이러라.

3. 영원한 삶을 바라보는 성도는 어떻게 살아가야 합니까?(벧후 1:4, 요일 2:17)

베드로후서 1:4 이로써 그 보배롭고 지극히 큰 약속을 우리에게 주사 이 약속으로 말미암아 너희가 정욕 때문에 세상에서 썩어질 것을 피하여 신성한 성품에 참여하는 자가 되게 하려 하셨느니라.

요한일서 2:17 이 세상도, 그 정욕도 지나가되 오직 하나님의 뜻을 행하는 자는 영원히 거하느니라.

믿음 선언 열둘!

나는 영원히 살 것을 믿는다.

OPEN LIFE 오픈라이프

나눔 이 세상에서 우리가 자랑하거나 누리고 있는 많은 것들이 영원하지 않습니다. 그럼에도 우리는 그것들을 사용하거나 포기함으로써 하나님이 기뻐하시는 일, 곧 영원한 가치를 추구할 수 있습니다. 어떤 것들이 있는지 나누어보세요.

실천 위에서 말한 영원한 가치를 위해 지금 자신이 어떤 일을 실천할 수 있는지 적고 한 주 동안 실천해보세요.

앞으로 하나님 나라에서 하나님과 영원히 살 것을 믿습니다. 세상의 유한한 것에 매달리지 않고 영원한 것에 소망을 두며 살아갈 수 있게 도와주세요.

MEMO

MEMO

다세연 www.daseyeon.org

다음세대를 섬기는 사람들의 연대(이하 다.세.연)는 다음세대가 하나님께서 주신 은사와 재능을 가지고 하나님의 부르심에 응답하며 행복한 삶을 살 수 있도록 섬기는 사람들의 연대 기구다.

2005년 결성된 이후로 서울 강남 지역의 중고등학교 캠퍼스 사역에 집중해오던 다.세.연.은 하나님의 섬세한 계획 가운데 김용재 목사(前 NECTAR 대표 간사, 前 소망교회 청소년 팀장), 김정윤 목사(사랑의교회 청소년부서 디렉터), 김종설 목사(영동교회 청소년 팀장), 이재욱 목사를 비롯한 여러 청소년 사역 현장 전문가들이 한뜻을 모으게 되면서 사역의 방향을 새롭게 전환하고 제2의 창립을 시도하게 되었다.

이제 다.세.연.은 특정지역과 대상에 국한되어 있는 사역의 한계를 넘어 전국 각지의 청소년 사역자, 교회 그리고 사역단체들과 힘을 합하여 상대적으로 소외된 지역의 청소년 사역이 건강하게 이루어질 수 있도록 섬기고자 작은 발걸음을 내딛고 있다.

■ 주 집필

이재욱 목사

청소년 사역자로서 쌓아온 십수 년 간의 현장 경험과 사역단체와 기관을 넘나드는 다양한 경력은 그의 저서와 강연이 많은 현장 사역자들의 공감을 얻는 이유다. 주님의교회 교육목사, 서대문교회 교육총괄목사를 거쳐 청소년 전문사역단체인 브리지임팩트사역원(BIM)의 창립 멤버로 BIM 캠프와 탱크 청소년사역자학교, 전국청소년사역자 워크숍 등을 기획하고 진행했으며, BIM의 협력사역자이자 예장합동 총회교육개발원 집필위원으로 다수의 교육 자료 및 공과 집필에 참여했다. 현재 서울 대방중앙교회 담임목사로 섬기며 말씀에 철저히 헌신하는 공동체, 다음세대에 깊은 관심을 가진 공동체를 꿈꾸고 있다. 유스코스타(Youth KOSTA) 강사이며 저서로 「중고등부, 2년 안에 성장할 수 있다」, 「교사를 다시 일으켜 세우는 5가지 힘」(이하 좋은씨앗)이 있다. cteen@hanmail.net

■ 객원 집필

문근식 목사

총신대학교 신학과(B.A), 총신대학교 신학대학원(M.div.)을 졸업했고 국내와 호주를 넘나들며 15년 가까이 청소년들을 지도해왔다. 브리지임팩트사역원(BIM) 교재개발팀장으로, 예장합동 청소년 계절공과 집필위원으로도 활동했다. 현재 성서교회 청소년부 담당목사로 다음세대를 향한 사역에 매진하고 있다.

김용철 목사

장로회신학대학교 신학대학원(M.div.)과 연세대학교 교육대학원(M.A.)을 졸업했다. 주님의교회와 꿈꾸는교회를 거쳐 현재 신당중앙교회 중고등교육팀을 이끌며 사역하고 있다.